COLL

PHILIPPE JACCOTTET

À la lumière d'hiver

PRÉCÉDÉ DE

Leçons

ET DE

Chants d'en bas

ET SUIVI DE

Pensées sous les nuages

GALLIMARD

LEÇONS

Qu'il se tienne dans l'angle de la chambre. Qu'il mesure, comme il a fait jadis le plomb, les lignes que j'assemble en questionnant, me rappelant sa fin. Que sa droiture garde ma main d'errer ou dévier, si elle tremble.

Autrefois,
moi l'effrayé, l'ignorant, vivant à peine,
me couvrant d'images les yeux,
j'ai prétendu guider mourants et morts.

Moi, poète abrité,
épargné, souffrant à peine,
aller tracer des routes jusque-là!

A présent, lampe soufflée,
main plus errante, qui tremble,
je recommence lentement dans l'air.

Raisins et figues
couvés au loin par les montagnes
sous les lents nuages
et la fraîcheur :
sans doute, sans doute...

Vient un moment où l'aîné se couche
presque sans force. On voit
de jour en jour
son pas moins assuré.

Il ne s'agit plus de passer
comme l'eau entre les herbes :
cela ne se tourne pas.

Lorsque le maître lui-même
si vite est emmené si loin,
je cherche ce qui peut le suivre :

ni la lanterne des fruits,
ni l'oiseau aventureux,
ni la plus pure des images;

plutôt le linge et l'eau changés,
la main qui veille,
plutôt le cœur endurant.

Je ne voudrais plus qu'éloigner
ce qui nous sépare du clair,
laisser seulement la place
à la bonté dédaignée.

J'écoute des hommes vieux
qui se sont accordés aux jours,
j'apprends à leurs pieds la patience :

ils n'ont pas de pire écolier.

Sinon le premier coup, c'est le premier éclat
de la douleur : que soit ainsi jeté bas
le maître, la semence,
que le bon maître soit ainsi châtié,
qu'il semble faible enfançon
dans le lit de nouveau trop grand,
enfant sans le secours des pleurs,
sans secours où qu'il se tourne,
acculé, cloué, vidé.

Il ne pèse presque plus.

La terre qui nous portait tremble.

Une stupeur
commençait dans ses yeux : que cela fût
possible. Une tristesse aussi,
vaste comme ce qui venait sur lui,
qui brisait les barrières de sa vie,
vertes, pleines d'oiseaux.

Lui qui avait toujours aimé son clos, ses murs,
lui qui gardait les clefs de la maison.

Entre la plus lointaine étoile et nous,
la distance, inimaginable, reste encore
comme une ligne, un lien, comme un chemin.
S'il est un lieu hors de toute distance,
ce devait être là qu'il se perdait :
non pas plus loin que toute étoile, ni moins loin,
mais déjà presque dans un autre espace,
en dehors, entraîné hors des mesures.
Notre mètre, de lui à nous, n'avait plus cours :
autant, comme une lame, le briser sur le genou.

(Mesurez, laborieux cerveaux, oui, mesurez
ce qui nous sépare d'astres encore inconnus,
tracez, aveugles ivres, parcourez ces lignes,
puis voyez ce qui brise votre règle entre vos mains.
Ici, considérez l'unique espace infranchissable.)

Muet. Le lien des mots commence à se défaire
aussi. Il sort des mots.
Frontière. Pour un peu de temps
nous le voyons encore.
Il n'entend presque plus.
Hélerons-nous cet étranger s'il a oublié
notre langue, s'il ne s'arrête plus pour écouter?
Il a affaire ailleurs.
Il n'a plus affaire à rien.
Même tourné vers nous,
c'est comme si on ne voyait plus que son dos.

Dos qui se voûte
pour passer sous quoi?

« Qui m'aidera? Nul ne peut venir jusqu'ici.
Qui me tiendrait les mains ne tiendrait pas celles qui
|tremblent,
qui mettrait un écran devant mes yeux ne me garderait pas
|de voir,
qui serait jour et nuit autour de moi comme un manteau
ne pourrait rien contre ce feu, contre ce froid.
D'ici, j'atteste au moins qu'il est un mur
qu'aucun engin, qu'aucune trompette n'ébranle.
Rien ne m'attend plus désormais que le plus long et le pire. »

Est-ce ainsi qu'il se tait dans l'étroitesse de la nuit?

C'est sur nous maintenant
comme une montagne en surplomb.

Dans son ombre glacée,
on est réduit à vénérer et à vomir.

A peine ose-t-on voir.

Quelque chose s'enfonce pour détruire.
Quelle pitié
quand l'autre monde enfonce dans un corps
son coin!

N'attendez pas
que je marie la lumière à ce fer.

Le front contre le mur de la montagne
dans le jour froid,
nous sommes pleins d'horreur et de pitié.

Dans le jour hérissé d'oiseaux.

21

On peut nommer cela horreur, ordure,
prononcer même les mots de l'ordure,
déchiffrés dans le linge des bas-fonds :
à quelque singerie que se livre le poète,
cela n'entrera pas dans sa page d'écriture.

Ordure non à dire ni à voir :
à dévorer.

En même temps,
simple comme de la terre.

Se peut-il que la plus épaisse nuit
n'enveloppe cela?

L'illimité accouple ou déchire.

On sent un remugle de vieux dieux.

Misère
comme une montagne sur nous écroulée.

Pour avoir fait pareille déchirure,
ce ne peut être un rêve simplement qui se dissipe.

L'homme, s'il n'était qu'un nœud d'air,
faudrait-il, pour le dénouer, fer si tranchant?

Bourrés de larmes, tous, le front contre ce mur,
plutôt que son inconsistance,
n'est-ce pas la réalité de notre vie
qu'on nous apprend?

Instruits au fouet.

Un simple souffle, un nœud léger de l'air,
une graine échappée aux herbes folles du Temps,
rien qu'une voix qui volerait chantant
à travers l'ombre et la lumière,

s'effacent-ils : aucune trace de blessure.
La voix tue, on dirait plutôt, un instant,
l'étendue apaisée, le jour plus pur.
Qui sommes-nous, qu'il faille ce fer dans le sang?

On le déchire, on l'arrache,
cette chambre où nous nous serrons est déchirée,
notre fibre crie.

Si c'était le « voile du Temps » qui se déchire,
la « cage du corps » qui se brise,
si c'était l'« autre naissance »?

On passerait par le chas de la plaie,
on entrerait vivant dans l'éternel...

Accoucheuses si calmes, si sévères,
avez-vous entendu le cri
d'une nouvelle vie?

Moi, je n'ai vu que cire qui perdait sa flamme,
et pas la place entre ces lèvres sèches
pour l'envol d'aucun oiseau.

Plus aucun souffle.

Comme quand le vent du matin
a eu raison
de la dernière bougie.

Il y a en nous un si profond silence
qu'une comète
en route vers la nuit des filles de nos filles,
nous l'entendrions.

Déjà ce n'est plus lui.
Souffle arraché : méconnaissable.

Cadavre. Un météore nous est moins lointain.

Qu'on emporte cela.

Un homme — ce hasard aérien,
plus grêle sous la foudre qu'insecte de verre et de tulle,
ce rocher de bonté grondeuse et de sourire,
ce vase plus lourd à mesure de travaux, de souvenirs -,
arrachez-lui le souffle : pourriture.

Qui se venge, et de quoi, par ce crachat?

Ah, qu'on nettoie ce lieu.

J'ai relevé les yeux.

Derrière la fenêtre,
au fond du jour,
des images quand même passent.

Navettes ou anges de l'être,
elles réparent l'espace.

L'enfant, dans ses jouets, choisit, qu'on la dépose
auprès du mort, une barque de terre :
le Nil va-t-il couler jusqu'à ce cœur?

Longuement autrefois j'ai regardé ces barques des tombeaux
pareilles à la corne de la lune.
Aujourd'hui, je ne crois plus que l'âme en ait l'usage,
ni d'aucun baume, ni d'aucune carte des Enfers.

Mais si l'invention tendre d'un enfant
sortait de notre monde,
rejoignait celui que rien ne rejoint?

Ou est-ce nous qu'elle console, sur ce bord?

S'il se pouvait (qui saura jamais rien?)
qu'il ait encore une espèce d'être aujourd'hui,
de conscience même que l'on croirait proche,
serait-ce donc ici qu'il se tiendrait,
dans cet enclos, non pas dans la prairie?
Se pourrait-il qu'il attendît ici
comme à un rendez-vous donné « près de la pierre »,
qu'il eût l'emploi de nos pas muets, de nos larmes?
Comment savoir? Un jour ou l'autre, on voit
ces pierres s'enfoncer dans les herbes éternelles,
tôt ou tard il n'y a plus d'hôtes à convier
au repère à son tour enfoui,
plus même d'ombres dans nulle ombre.

Plutôt, le congé dit, n'ai-je plus eu qu'un seul désir :
m'adosser à ce mur
pour ne plus regarder à l'opposé que le jour,
pour mieux aider les eaux qui prennent source en ces mon-
|tagnes
à creuser le berceau des herbes,
à porter sous les branches basses des figuiers,
à travers la nuit d'août,
les barques pleines de brûlants soupirs.

Et moi maintenant tout entier dans la cascade céleste,
enveloppé dans la chevelure de l'air,
ici, l'égal des feuilles les plus lumineuses,
suspendu à peine moins haut que la buse,
regardant,
écoutant
— et les papillons sont autant de flammes perdues,
les montagnes autant de fumées —,
un instant, d'embrasser le cercle entier du ciel
autour de moi, j'y crois la mort comprise.

Je ne vois presque plus rien que la lumière,
les cris d'oiseaux lointains en sont les nœuds,

la montagne?

Légère cendre
au pied du jour.

Toi cependant,

ou tout à fait effacé
et nous laissant moins de cendres
que feu d'un soir au foyer,

ou invisible habitant l'invisible,

ou graine dans la loge de nos cœurs,

quoi qu'il en soit,

demeure en modèle de patience et de sourire,
tel le soleil dans notre dos encore
qui éclaire la table, et la page, et les raisins.

CHANTS D'EN BAS

Je l'ai vue droite et parée de dentelles
comme un cierge espagnol.
Elle est déjà comme son propre cierge, éteint.

Qu'elle me semble dure tout à coup !

Dure comme une pierre,
un coin de pierre fiché dans le jour,
une hache fendant l'aubier de l'air.
Et ces oiseaux aveugles
qui traversent encore le jardin, qui chantent
malgré tout dans la lumière !

Elle est déjà comme sa propre pierre
avec dessus les pieuses et vaines fleurs éparses
et pas de nom : oh pierre mal aimée
profond dans l'aubier du cœur.

Parler

Paris

Parler est facile, et tracer des mots sur la page,
en règle générale, est risquer peu de chose :
un ouvrage de dentellière, calfeutré,
paisible (on a pu même demander
à la bougie une clarté plus douce, plus trompeuse),
tous les mots sont écrits de la même encre,
« fleur » et « peur » par exemple sont presque pareils,
et j'aurai beau répéter « sang » du haut en bas
de la page, elle n'en sera pas tachée,
ni moi blessé.

Aussi arrive-t-il qu'on prenne ce jeu en horreur,
qu'on ne comprenne plus ce qu'on a voulu faire
en y jouant, au lieu de se risquer dehors
et de faire meilleur usage de ses mains.

Cela,
c'est quand on ne peut plus se dérober à la douleur,
qu'elle ressemble à quelqu'un qui approche

41

en déchirant les brumes dont on s'enveloppe,
abattant un à un les obstacles, traversant
la distance de plus en plus faible — si près soudain
qu'on ne voit plus que son mufle plus large
que le ciel.

Parler alors semble mensonge, ou pire : lâche
insulte à la douleur, et gaspillage
du peu de temps et de forces qui nous reste.

Chacun a vu un jour (encore qu'aujourd'hui
on cherche à nous cacher jusqu'à la vue du feu)
ce que devient la feuille de papier près de la flamme,
comme elle se rétracte, hâtivement, se racornit,
s'effrange... Il peut nous arriver cela aussi,
ce mouvement de retrait convulsif, toujours trop tard,
et néanmoins recommencé pendant des jours,
toujours plus faible, effrayé, saccadé,
devant bien pire que du feu.

Car le feu a encore une splendeur, même s'il ruine,
il est rouge, il se laisse comparer au tigre
ou à la rose, à la rigueur on peut prétendre,
on peut s'imaginer qu'on le désire
comme une langue ou comme un corps;
autrement dit, c'est matière à poème
depuis toujours, cela peut embraser la page
et d'une flamme soudain plus haute et plus vive
illuminer la chambre jusqu'au lit ou au jardin

sans vous brûler — comme si, au contraire,
on était dans son voisinage plus ardent, comme s'il
vous rendait le souffle, comme si
l'on était de nouveau un homme jeune devant qui
l'avenir n'a pas de fin...

C'est autre chose, et pire, ce qui fait un être
se recroqueviller sur lui-même, reculer
tout au fond de la chambre, appeler à l'aide
n'importe qui, n'importe comment :
c'est ce qui n'a ni forme, ni visage, ni aucun nom,
ce qu'on ne peut apprivoiser dans les images
heureuses, ni soumettre aux lois des mots,
ce qui déchire la page
comme cela déchire la peau,
ce qui empêche de parler en autre langue que de bête.

Parler pourtant est autre chose, quelquefois,
que se couvrir d'un bouclier d'air ou de paille...
Quelquefois c'est comme en avril, aux premières tiédeurs,
quand chaque arbre se change en source, quand la nuit
semble ruisseler de voix comme une grotte
(à croire qu'il y a mieux à faire dans l'obscurité
des frais feuillages que dormir),
cela monte de vous comme une sorte de bonheur,
comme s'il le fallait, qu'il fallût dépenser
un excès de vigueur, et rendre largement à l'air
l'ivresse d'avoir bu au verre fragile de l'aube.

Parler ainsi, ce qui eut nom chanter jadis
et que l'on ose à peine maintenant,
est-ce mensonge, illusion? Pourtant, c'est par les yeux
que se nourrit cette parole, comme l'arbre   [ouverts
par ses feuilles.
                    Tout ce qu'on voit,
tout ce qu'on aura vu depuis l'enfance,

précipité au fond de nous, brassé, peut-être déformé
ou bientôt oublié — *le convoi du petit garçon*
de l'école au cimetière, sous la pluie;
une très vieille dame en noir, assise
à la haute fenêtre d'où elle surveille
l'échoppe du sellier; un chien jaune appelé Pyrame
dans le jardin où un mur d'espaliers
répercute l'écho d'une fête de fusils :
fragments, débris d'années —

tout cela qui remonte en paroles, tellement
allégé, affiné qu'on imagine
à sa suite guéer même la mort...

4

Y aurait-il des choses qui habitent les mots
plus volontiers, et qui s'accordent avec eux
– ces moments de bonheur qu'on retrouve dans les poèmes
avec bonheur, une lumière qui franchit les mots
comme en les effaçant – et d'autres choses
qui se cabrent contre eux, les altèrent, qui les détruisent :

comme si la parole rejetait la mort,
ou plutôt, que la mort fît pourrir
même les mots?

Assez! oh assez.
Détruis donc cette main qui ne sait plus tracer
que fumées,
et regarde de tous tes yeux :

Ainsi s'éloigne cette barque d'os qui t'a porté,
ainsi elle s'enfonce (et la pensée la plus profonde
ne guérira pas ses jointures),
ainsi elle se remplit d'une eau amère.

Oh puisse-t-il, à défaut du grand filet
de lumière, inespérable,
pour toute vieille barque humaine en ces mortels parages,
y avoir rémission des peines, brise plus douce,
enfantin sommeil.

J'aurais voulu parler sans images, simplement
pousser la porte...

                J'ai trop de crainte
pour cela, d'incertitude, parfois de pitié :
on ne vit pas longtemps comme les oiseaux
dans l'évidence du ciel,

                et retombé à terre,
on ne voit plus en eux précisément que des images
ou des rêves.

Parler donc est difficile, si c'est chercher... chercher quoi?
Une fidélité aux seuls moments, aux seules choses
qui descendent en nous assez bas, qui se dérobent,
si c'est tresser un vague abri pour une proie insaisissable...

Si c'est porter un masque plus vrai que son visage
pour pouvoir célébrer une fête longtemps perdue
avec les autres, qui sont morts, lointains ou endormis
encore, et qu'à peine soulèvent de leur couche
cette rumeur, ces premiers pas trébuchants, ces feux timides
— nos paroles :
bruissement du tambour pour peu que l'effleure le doigt
inconnu...

Déchire ces ombres enfin comme chiffons,
vêtu de loques, faux mendiant, coureur de linceuls :
singer la mort à distance est vergogne,
avoir peur quand il y aura lieu suffit. A présent,
habille-toi d'une fourrure de soleil et sors
comme un chasseur contre le vent, franchis
comme une eau fraîche et rapide ta vie.

Si tu avais moins peur,
tu ne ferais plus d'ombre sur tes pas.

(Je t'arracherais bien la langue, quelquefois, sentencieux phraseur. Mais regarde-toi donc dans le miroir brandi par les sorcières : bouche d'or, source longtemps si fière de tes sonores prodiges, tu n'es déjà plus qu'égout baveux.)

Autres chants

Oh mes amis d'un temps, que devenons-nous,
notre sang pâlit, notre espérance est abrégée,
nous nous faisons prudents et avares,
vite essoufflés — vieux chiens de garde sans grand-chose
à garder ni à mordre —,
nous commençons à ressembler à nos pères...

N'y a-t-il donc aucun moyen de vaincre
ou au moins de ne pas être vaincu avant le temps?
Nous avons entendu grincer les gonds sombres de l'âge
le jour où pour la première fois
nous nous sommes surpris marchant la tête retournée
vers le passé, prêts à nous couronner de souvenirs...

N'y a-t-il pas d'autre chemin
que dépérir dans la sagesse radoteuse,
le labyrinthe des mensonges ou la peur vaine?

Un chemin qui ne soit ni imposture
comme les fards et les parfums du vieux beau,

ni le geignement de l'outil émoussé,
ni le bégaiement de l'aliéné qui n'a plus de voisin
qu'agressif, insomniaque et sans visage?

Si la vue du visible n'est plus soutenable, si
la beauté n'est vraiment plus pour nous
— le tremblement des lèvres écartant la robe —,
cherchons encore par-dessous,
cherchons plus loin, là où les mots se dérobent
et où nous mène, aveugle, on ne sait quelle ombre
ou quel chien couleur d'ombre, et patient.

S'il y a un passage, il ne peut pas être visible,
s'il y a une lampe, elle ne sera pas de celles
que portait la servante deux pas devant l'hôte
— et l'on voyait sa main devenir rose en préservant
la flamme, quand l'autre poussait la porte —,
s'il y a un mot de passe, ce ne peut être un mot
qu'il suffirait d'inscrire ici comme une clause d'assurance.

Cherchons plutôt hors de portée, ou par je ne sais quel geste,
quel bond ou quel oubli qui ne s'appelle plus
ni « chercher », ni « trouver »...

Oh amis devenus presque vieux et lointains,
j'essaie encore de ne pas me retourner sur mes traces
— *rappelle-toi le cormier, rappelle-toi l'aubépine*
brûlant pour la veillée de Pâques... et le cœur

de languir alors, de larmoyer sur de la cendre —,
j'essaie,

mais il y a presque trop
de poids du côté sombre où je nous vois descendre,
et redresser avec de l'invisible chaque jour,
qui le pourrait encore, qui l'a pu?

On aura vu aussi ces femmes – en rêve ou non,
mais toujours dans les enclos vagues de la nuit –
sous leurs crinières de jument, fougueuses,
avec de longs yeux tendres à lustre de cuir,
non pas la viande offerte à ces nouveaux étals de toile,
bon marché, quotidienne, à bâfrer seul entre deux draps,
mais l'animale sœur qui se dérobe et se devine,
encore moins distincte de ses boucles, de ses dentelles
que l'onduleuse vague ne l'est de l'écume,
le fauve souple dont tous sont chasseurs
et que le mieux armé n'atteint jamais
parce qu'elle est cachée plus profond dans son propre corps
qu'il ne peut pénétrer – rugirait-il d'un prétendu triomphe –,
parce qu'elle est seulement comme le seuil
de son propre jardin,
ou une faille dans la nuit
incapable d'en ébranler le mur, ou un piège
à saveur de fruit ruisselant, un fruit,
mais qui aurait un regard – et des larmes.

Si je me couche contre la terre, entendrai-je
les pleurs de celle qui est dessous,
les pas qui traînent dans les froids couloirs
ou qui trébuchent en fuyant dans les quartiers déserts?

J'ai dans la tête des visions de rues la nuit,
de chambres, de visages emmêlés
plus nombreux que les feuilles d'arbres en été
et eux-mêmes remplis d'images, de pensées
— c'est comme un labyrinthe de miroirs
mal éclairé par des lampes falotes —,
moi aussi dans les foires d'autrefois
j'ai pensé en trouver l'issue,
moi aussi j'ai langui après des corps.
J'ai plein la tête de faux-jours, et de reflets
dans les trappes d'un fleuve ténébreux,
je me souviens de bouches inlassables sur ses bords —

tout cela maintenant pour moi est sous la terre
et mon oreille collée à l'herbe l'entend,

à travers le tonnerre de sa propre peur et les
coups de scie des insectes, qui gémit —
donnez-lui le nom que vous voudrez, mais elle est là,
c'est sûr, elle est dessous, obscure, et elle pleure.

Arrête-toi, enfant : tes yeux ne sont pas faits pour voir cela,
ferme-les encore un moment, dors en aveugle,
oh encore un moment ignore, et que tes yeux
restent pareils au ciel naïf.

Recueille les oiseaux et la lumière
un temps encore,
toi qui grandis pareille à un tremble scintillant,

ou recule — si tu ne veux pas crier de peur
sous le harpon.

Écris vite ce livre, achève vite aujourd'hui ce poème
avant que le doute de toi ne te rattrape,
la nuée des questions qui t'égare et te fait broncher,
ou pire que cela...
                    Cours au bout de la ligne,
comble ta page avant que ne fasse trembler
tes mains la peur – de t'égarer, d'avoir mal, d'avoir peur,
avant que l'air ne cède à quoi tu es adossé
pour quelque temps encore, le beau mur bleu.
Parfois déjà la cloche se dérègle dans le beffroi d'os
et boite à en fendre les murs.

Écris, non pas « à l'ange de l'Église de Laodicée »,
mais sans savoir à qui, dans l'air, avec des signes
hésitants, inquiets, de chauve-souris,
vite, franchis encore cette distance avec ta main,
relie, tisse en hâte, encore, habille-nous,
bêtes frileuses, nous taupes maladroites,
couvre-nous d'un dernier pan doré de jour
comme le soleil fait aux peupliers et aux montagnes.

Je me redresse avec effort et je regarde :
il y a trois lumières, dirait-on.
Celle du ciel, celle qui de là-haut
s'écoule en moi, s'efface,
et celle dont ma main trace l'ombre sur la page.

L'encre serait de l'ombre.

Ce ciel qui me traverse me surprend.

On voudrait croire que nous sommes tourmentés
pour mieux montrer le ciel. Mais le tourment
l'emporte sur ces envolées, et la pitié
noie tout, brillant d'autant de larmes
que la nuit.

A LA LUMIÈRE D'HIVER

À LA LUMIÈRE D'HIVER

Dis encore cela...

Dis encore cela patiemment, plus patiemment
ou avec fureur, mais dis encore,
en défi aux bourreaux, dis cela, essaie,
sous l'étrivière du temps.
                              Espère encore que le dernier cri
du fuyard avant de s'abattre soit tel,
n'étant pas entendu, étant faible, inutile,
qu'il échappe, au moins lui sinon sa nuque,
à l'espace où la balle de la mort ne dévie jamais,
et par une autre oreille que la terre grande ouverte
soit recueilli, plus haut, non pas plus haut,
ailleurs, pas même ailleurs : soit recueilli
peut-être plus bas, comme une eau
qui s'enfonce dans la poussière du jardin,
comme le sang qui se disperse, fourvoyé,
dans l'inconnu.

Dernière chance pour toute victime sans nom :
qu'il y ait, non pas au-delà des collines

ou des nuages, non pas au-dessus du ciel
ni derrière les beaux yeux clairs, ni caché
dans les seins nus, mais on ne sait comment
mêlé au monde que nous traversons,
qu'il y ait, imprégnant ses moindres parcelles,
de cela que la voix ne peut nommer, de cela
que rien ne mesure, afin qu'encore
il soit possible d'aimer la lumière
ou seulement de la comprendre,
ou simplement, encore, de la voir
elle, comme la terre la recueille,
et non pas rien que sa trace de cendre.

A la lumière d'hiver

I

Fleurs, oiseaux, fruits, c'est vrai, je les ai conviés,
je les ai vus, montrés, j'ai dit :
« c'est la fragilité même qui est la force »,
facile à dire! et trop facile de jongler
avec le poids des choses une fois changées en mots!
On bâtissait le char d'Élie avec des graines
légères, des souffles, des lueurs, on prétendait
se vêtir d'air comme les oiseaux et les saints...

Frêles signes, maison de brume ou d'étincelles,
jeunesse...
               puis les portes se ferment en grinçant
l'une après l'autre.

Et néanmoins je dis encore,
non plus porté par la course du sang, non plus ailé.
hors de tout enchantement,
trahi par tous les magiciens et tous les dieux,
depuis longtemps fui par les nymphes

même au bord des rivières transparentes
et même à l'aube,
                        mais en me forçant à parler, plus têtu
que l'enfant quand il grave avec peine son nom
sur la table d'école,

j'insiste, quoique je ne sache plus les mots,
quoique ce ne soit pas ainsi la juste voie
— qui est droite comme la course de l'amour
vers la cible, la rose le soir enflammée,
alors que moi, j'ai une canne obscure
qui, plus qu'elle ne trace aucun chemin, ravage
la dernière herbe sur ses bords, semée
peut-être un jour par la lumière pour un plus
hardi marcheur...

« Oui, oui, c'est vrai, j'ai vu la mort au travail
et, sans aller chercher la mort, le temps aussi,
tout près de moi, sur moi, j'en donne acte à mes deux yeux,
adjugé! Sur la douleur, on en aurait trop long à dire.
Mais quelque chose n'est pas entamé par ce couteau
ou se referme après son coup comme l'eau derrière la
[barque. »

« Lapidez-moi encore de ces pierres du temps
qui ont détruit les dieux et les fées,
que je sache ce qui résiste à leur parcours et à leur chute. »

Si c'était quelque chose entre les choses, comme
l'espace entre tilleul et laurier, dans le jardin,
comme l'air froid sur les yeux et la bouche
quand on franchit, sans plus penser, sa vie,
si c'était, oui, ce simple pas risqué
dehors...
       Pensée subtile, mais quelle pensée,
si l'étoffe du corps se déchire, la recoudra?

Un homme qui vieillit est un homme plein d'images
raides comme du fer en travers de sa vie,
n'attendez plus qu'il chante avec ces clous dans la gorge.
Autrefois la lumière nourrissait sa bouche,
maintenant il raisonne et se contraint.

Or, on peut raisonner sur la douleur, sur la joie,
démontrer, semble-t-il, presque aisément
l'inanité de l'homme. On peut parler
comme je parle à présent dans cette chambre
qui n'est pas encore en ruines, par ces lèvres
que ne coud pas encore le fil de la mort,
indéfiniment.
                    Toutefois, on dirait
que cette espèce-là de parole, brève ou prolixe,
toujours autoritaire, sombre, comme aveugle,
n'atteint plus son objet, aucun objet, tournant
sans fin sur elle-même, de plus en plus vide,
alors qu'ailleurs, plus loin qu'elle ou simplement

à côté, demeure ce qu'elle a longtemps cherché.
Les mots devraient-ils donc faire sentir
ce qu'ils n'atteignent pas, qui leur échappe,
dont ils ne sont pas maîtres, leur envers?

De nouveau je m'égare en eux,
de nouveau ils font écran, je n'en ai plus
le juste usage,
                quand toujours plus loin
se dérobe le reste inconnu, la clef dorée,
et déjà le jour baisse, le jour de mes yeux...

II

Aide-moi maintenant, air noir et frais, cristal
noir. Les légères feuilles bougent à peine,
comme pensées d'enfants endormis. Je traverse
la distance transparente, et c'est le temps
même qui marche ainsi dans ce jardin,
comme il marche plus haut de toit en toit, d'étoile
en étoile, c'est la nuit même qui passe.

Je fais ces quelques pas avant de remonter
là où je ne sais plus ce qui m'attend, compagne
tendre ou détournée, servantes si dociles
de nos rêves ou vieux visage suppliant...
la lumière du jour, en se retirant
                                    — comme un voile
tombe et reste un instant visible autour
des beaux pieds nus —
                        découvre la femme d'ébène
et de cristal, la grande femme de soie noire
dont les regards brillent encore pour moi
de tous ses yeux peut-être éteints depuis longtemps.

La lumière du jour s'est retirée, elle révèle,
à mesure que le temps passe et que j'avance
en ce jardin, conduit par le temps,
                              autre chose
— au-delà de la belle sans relâche poursuivie,
de la reine du bal où nul ne fut jamais convié,
avec ses fermoirs d'or qui n'agrafent plus nulle robe —
autre chose de plus caché, mais de plus proche...

Ombres calmes, buissons tremblant à peine, et les couleurs,
elles aussi, ferment les yeux. L'obscurité
lave la terre.
            C'est comme si l'immense
porte peinte du jour avait tourné
sur ses gonds invisibles, et je sors dans la nuit,
je sors enfin, je passe, et le temps passe
aussi la porte sur mes pas.
                          Le noir n'est plus ce mur
encrassé par la suie du jour éteint,
je le franchis, c'est l'air limpide, taciturne,
j'avance enfin parmi les feuilles apaisées,
je puis enfin faire ces quelques pas, léger
comme l'ombre de l'air,

l'aiguille du temps brille et court dans la soie noire,
mais je n'ai plus de mètre dans les mains,
rien que de la fraîcheur, une fraîcheur obscure
dont on recueille le parfum rapide avant le jour.

(Chose brève, le temps de quelques pas dehors,
mais plus étrange encore que les mages et les dieux.)

qu'une seule fois de temps de quelque pas de loin,
mais plus rien encore que les nuages et le dernier

Une étrangère s'est glissée dans mes paroles,
beau masque de dentelle avec, entre les mailles,
deux perles, plusieurs perles, larmes ou regards.
De la maison des rêves sans doute sortie,
elle m'a effleuré de sa robe en passant
– ou si cette soie noire était déjà sa peau, sa chevelure? –
et déjà je la suis, parce que faible
et presque vieux, comme on poursuit un souvenir;
mais je ne la rejoindrai pas plus que les autres
qu'on attend à la porte de la cour ou de la loge
dont le jour trop tôt revenu tourne la clef...

Je pense que je n'aurais pas dû la laisser
apparaître dans mon cœur; mais n'est-il pas permis
de lui faire un peu de place, qu'elle approche
– on ne sait pas son nom, mais on boit son parfum,
son haleine et, si elle parle, son murmure –
et qu'à jamais inapprochée, elle s'éloigne
et passe, tant qu'éclairent encore les lanternes de papier
de l'acacia?

Laissez-moi la laisser passer, l'avoir vue encore une fois,
puis je la quitterai sans qu'elle m'ait même aperçu,
je monterai les quelques marches fatiguées
et, rallumant la lampe, reprendrai la page
avec des mots plus pauvres et plus justes, si je puis.

Nuages de novembre, oiseaux sombres par bandes qui
et laissez après vous aux montagnes un peu   [traînez
des plumes blanches de vos ventres,
longs miroirs des routes désertes, des fossés,
terre de plus en plus visible et grande, tombe
et déjà berceau des herbes,
                              le secret qui vous lie,
arrive-t-il qu'on cesse de l'entendre un jour?

Écoute, écoute mieux, derrière
tous les murs, à travers le vacarme croissant
qui est en toi et hors de toi,
écoute... Et puise dans l'eau invisible
où peut-être boivent encore d'invisibles bêtes
après d'autres, depuis toujours, qui sont venues,
silencieuses, blanches, lentes, au couchant
(ayant été dès l'aube obéissantes au soleil sur le grand pré),
laper cette lumière qui ne s'éteint pas la nuit
mais seulement se couvre d'ombre, à peine,
comme se couvrent les troupeaux d'un manteau de sommeil.

... Et le ciel serait-il clément tout un hiver,
le laboureur avec patience ayant conduit ce soc
où peut-être Vénus aura paru parfois
entre la boue et les buées de l'aube,
verra-t-il croître en mars, à ras de terre,
une herbe autre que l'herbe?

Tout cela qui me revient encore — peu souvent —
n'est-il que rêve, ou dans le rêve
y a-t-il un reflet qu'il faille préserver
comme on garde la flamme d'être par le vent ruinée,
ou qu'on puisse répandre en libation dans le sol
sur quoi nos pas se font plus lents, plus trébuchants
avant d'y enfoncer? (Déjà ils y enfoncent.)

L'eau que l'on ne boira jamais, la lumière
que ces yeux trop faibles ne pourront pas voir,
je n'en ai pas perdu encore la pensée...

Mais le verre de l'aube se brise un peu vite,
le monde tout entier n'est plus qu'un vase de terre
dont on voit maintenant grandir les fêlures,
et notre crâne une cruche d'os
bientôt bonne à jeter.

Qu'est-ce toutefois, dedans, que cette eau amère
ou douce à boire?

Les larmes quelquefois montent aux yeux
comme d'une source,
elles sont de la brume sur des lacs,
un trouble du jour intérieur,
une eau que la peine a salée.

La seule grâce à demander aux dieux lointains,
aux dieux muets, aveugles, détournés,
à ces fuyards,
ne serait-elle pas que toute larme répandue
sur le visage proche
dans l'invisible terre fît germer
un blé inépuisable?

L'hiver, le soir :
                    alors, parfois, l'espace
ressemble à une chambre boisée
avec des rideaux bleus de plus en plus sombres
où s'usent les derniers reflets du feu,
puis la neige s'allume contre le mur
telle une lampe froide.

Ou serait-ce déjà la lune qui, en s'élevant,
se lave de toute poussière
et de la buée de nos bouches?

Écoute, vois : ne monte-t-il pas quelque chose
de la terre, de beaucoup plus bas,
comme une lumière, par vagues, comme un Lazare
blessé, surpris, par lents battements d'ailes
blanches — alors qu'un instant tout se tait,
et c'est vraiment ici où nous sommes, apeurés —,
et ne descend-il pas aussi de plus loin que le ciel
à leur rencontre d'autres vols, plus blancs
— pour n'être pas passés parmi les racines boueuses —,
et ne courent-ils pas à présent les uns vers les autres
de plus en plus vite, à la manière
des rencontres d'amour?

Ah pense-le, quoi qu'il en soit, dis-le,
dis que cela peut être vu,
que vous saurez encore courir comme cela,
mais bien cachés dans le manteau rêche de la nuit.

Sur tout cela maintenant je voudrais
que descende la neige, lentement,
qu'elle se pose sur les choses tout au long du jour
— elle qui parle toujours à voix basse —
et qu'elle fasse le sommeil des graines,
d'être ainsi protégé, plus patient.

Et nous saurions que le soleil encore,
cependant, passe au-delà,
que, si elle se lasse, il redeviendra même un moment
visible, comme la bougie derrière son écran jauni.

Alors, je me ressouviendrais de ce visage
qui demeure, lui aussi, derrière
la lente chute des cristaux humides,
qui change, avec ses yeux limpides ou en larmes,
impatiemment fidèles...
                          Et, caché par la neige,
de nouveau j'oserais louer leur clarté bleue.

Fidèles yeux de plus en plus faibles jusqu'à
ce que les miens se ferment, et après eux, l'espace
comme un éventail peint dont il ne resterait plus
qu'un frêle manche d'os, une trace glacée
pour les seuls yeux sans paupières d'autres astres.

Note

Leçons a été écrit entre novembre 1966 et octobre 1967. Le poème, publié en édition originale chez Payot/Lausanne en octobre 1969 et repris tel quel dans *Poésie 1946-1967* en avril 1971, figure ici dans une version remaniée.

Chants d'en bas, écrit entre mai et septembre 1973, a été publié en édition originale chez Payot/Lausanne en octobre 1974 Le présent texte comporte quelques retouches et deux adjonctions.

Ce sont deux livres de deuil.

Dans *À la lumière d'hiver,* le poème liminaire date de janvier-septembre 1974, la première partie, ébauchée en septembre 1974, a été reprise de novembre 1975 à janvier 1976. La seconde partie date de cette dernière période.

Pensées sous les nuages

ON VOIT

On voit les écoliers courir à grands cris
dans l'herbe épaisse du préau.

Les hauts arbres tranquilles
et la lumière de dix heures en septembre
comme une fraîche cascade
les abritent encore de l'énorme enclume
qui étincelle d'étoiles par-delà.

L'âme, si frileuse, si farouche,
devra-t-elle vraiment marcher sans fin sur ce glacier,
seule, pieds nus, ne sachant plus même épeler
sa prière d'enfance,
sans fin punie de sa froideur par ce froid?

Tant d'années,
et vraiment si maigre savoir,
cœur si défaillant?

Pas la plus fruste obole dont payer
le passeur, s'il approche?

– J'ai fait provision d'herbe et d'eau rapide,
je me suis gardé léger
pour que la barque enfonce moins.

Elle s'approche du miroir rond
comme une bouche d'enfant
qui ne sait pas mentir,
vêtue d'une robe de chambre bleue
qui s'use elle aussi.

Cheveux bientôt couleur de cendre
sous le très lent feu du temps.

Le soleil du petit matin
fortifie encore son ombre.

Derrière la fenêtre dont on a blanchi le cadre
(contre les mouches, contre les fantômes),
une tête chenue de vieil homme se penche
sur une lettre, ou les nouvelles du pays.
Le lierre sombre croît contre le mur

Gardez-le, lierre et chaux, du vent de l'aube,
des nuits trop longues et de l'autre, éternelle.

Quelqu'un tisse de l'eau (avec des motifs d'arbres
en filigrane). Mais j'ai beau regarder,
je ne vois pas la tisserande,
ni ses mains même, qu'on voudrait toucher

Quand toute la chambre, le métier, la toile
se sont évaporés,
on devrait discerner des pas dans la terre humide...

On est encore pour un temps dans le cocon de la lumière.

Quand il se défera (lentement ou d'un seul coup),
aura-t-on pu au moins former les ailes
du paon de nuit, couvertes d'yeux,
pour se risquer dans ce noir et dans ce froid?

On voit ces choses en passant
(même si la main tremble un peu,
si le cœur boite),
et d'autres sous le même ciel :
les courges rutilantes au jardin,
qui sont comme les œufs du soleil,
les fleurs couleur de vieillesse, violette.

Cette lumière de fin d'été,
si elle n'était que l'ombre d'une autre,
éblouissante,
j'en serais presque moins surpris.

PENSÉES SOUS LES NUAGES

— Je ne crois pas décidément que nous ferons ce voyage
à travers tous ces ciels qui seraient de plus en plus clairs,
emportés au défi de toutes les lois de l'ombre.
Je nous vois mal en aigles invisibles, à jamais
tournoyant autour de cimes invisibles elles aussi
par excès de lumière...

                    (À ramasser les tessons du temps,
on ne fait pas l'éternité. Le dos se voûte seulement
comme aux glaneuses. On ne voit plus
que les labours massifs et les traces de la charrue
à travers notre tombe patiente.)

— Il est vrai qu'on aura peu vu le soleil tous ces jours,
espérer sous tant de nuages est moins facile,
le socle des montagnes fume de trop de brouillard...

(Il faut pourtant que nous n'ayons guère de force
pour lâcher prise faute d'un peu de soleil
et ne pouvoir porter sur les épaules, quelques heures,
un fagot de nuages...
Il faut que nous soyons restés bien naïfs
pour nous croire sauvés par le bleu du ciel
ou châtiés par l'orage et par la nuit.)

– Mais où donc pensiez-vous aller encore, avec ces pieds usés?
Rien que tourner le coin de la maison, ou franchir,
de nouveau, quelle frontière?

(L'enfant rêve d'aller de l'autre côté des montagnes,
le voyageur le fait parfois, et son haleine là-haut
devient visible, comme on dit que l'âme des morts...
On se demande quelle image il voit passer
dans le miroir des neiges, luire quelle flamme,
et s'il trouve une porte entrouverte derrière.
On imagine que, dans ces lointains, cela se peut :
une bougie brûlant dans un miroir, une main
de femme proche, une embrasure...)

Mais vous ici, tels que je vous retrouve,
vous n'aurez plus la force de boire dans ces flûtes de cristal,

vous serez sourds aux cloches de ces hautes tours,
aveugles à ces phares qui tournent selon le soleil,
piètres navigateurs pour une aussi étroite passe...

On vous voit mieux dans les crevasses des labours,
suant une sueur de mort, plutôt sombrés
qu'emportés vers ces derniers cygnes fiers...

— Je ne crois pas décidément que nous ferons encore ce voyage,
ni que nous échapperons au merlin sombre
une fois que les ailes du regard ne battront plus.

Des passants. On ne nous reverra pas sur ces routes,
pas plus que nous n'avons revu nos morts
ou seulement leur ombre...
                              Leur corps est cendre,
cendre leur ombre et leur souvenir; la cendre même,
un vent sans nom et sans visage la disperse
et ce vent même, quoi l'efface?
                              Néanmoins,
en passant, nous aurons encore entendu
ces cris d'oiseaux sous les nuages
dans le silence d'un midi d'octobre vide,
ces cris épars, à la fois près et comme très loin

(ils sont rares, parce que le froid
s'avance telle une ombre derrière la charrue des pluies),
ils mesurent l'espace...
                    Et moi qui passe au-dessous d'eux,
il me semble qu'ils ont parlé, non pas questionné, appelé,
mais répondu. Sous les nuages bas d'octobre.
Et déjà c'est un autre jour, je suis ailleurs,
déjà ils disent autre chose ou ils se taisent,
je passe, je m'étonne, et je ne peux en dire plus.

LE MOT JOIE

Je me souviens qu'un été récent, alors que je marchais une fois de plus dans la campagne, le mot joie, comme traverse parfois le ciel un oiseau que l'on n'attendait pas et que l'on n'identifie pas aussitôt, m'est passé par l'esprit et m'a donné, lui aussi, de l'étonnement. Je crois que d'abord, une rime est venue lui faire écho, le mot soie; non pas tout à fait arbitrairement, parce que le ciel d'été à ce moment-là, brillant, léger et précieux comme il l'était, faisait penser à d'immenses bannières de soie qui auraient flotté au-dessus des arbres et des collines avec des reflets d'argent, tandis que les crapauds toujours invisibles faisaient s'élever du fossé profond, envahi de roseaux, des voix elles-mêmes, malgré leur force, comme argentées, lunaires. Ce fut un moment heureux; mais la rime avec joie n'était pas légitime pour autant.

Le mot lui-même, ce mot qui m'avait surpris, dont il me semblait que je ne comprenais plus bien le sens, était rond dans la bouche, comme un fruit; si je me mettais à rêver à son propos, je devais glisser de l'argent (la couleur du paysage où je marchais quand j'y avais pensé tout à coup) à l'or, et de l'heure du soir à celle de midi. Je revoyais des paysages de moissons en plein soleil; ce n'était pas assez; il ne fallait pas avoir peur de laisser agir le levain de la métamorphose. Chaque épi devenait un instrument de cuivre, le

121

champ un orchestre de paille et de poussière dorée; il en jaillissait un éclat sonore que j'aurais voulu dire d'abord un incendie, mais non : ce ne pouvait être furieux, dévorant, ni même sauvage. (Il ne me venait pas non plus à l'esprit d'images de plaisir, de volupté.) J'essayais d'entendre mieux encore ce mot (dont on aurait presque dit qu'il me venait d'une langue étrangère, ou morte) : la rondeur du fruit, l'or des blés, la jubilation d'un orchestre de cuivres, il y avait du vrai dans tout cela; mais il manquait l'essentiel : la plénitude, et pas seulement la plénitude (qui a quelque chose d'immobile, de clos, d'éternel), mais le souvenir ou le rêve d'un espace qui, bien que plein, bien que complet, ne cesserait, tranquillement, souverainement, de s'élargir, de s'ouvrir, à l'image d'un temple dont les colonnes (ne portant plus que l'air ainsi qu'on le voit aux ruines) s'écarteraient à l'infini les unes des autres sans rompre leurs invisibles liens; ou du char d'Élie dont les roues grandiraient à la mesure des galaxies sans que leur essieu casse.

Ce mot presque oublié avait dû me revenir de telles hauteurs comme un écho extrêmement faible d'un immense orage heureux. Alors, à la naissance hivernale d'une autre année, entre janvier et mars, à partir de lui, je me suis mis, non pas à réfléchir, mais à écouter et recueillir des signes, à dériver au fil des images; comprenant, ou m'assurant paresseusement, que je ne pouvais faire mieux, quitte à n'en retenir après coup que des fragments, même imparfaits et peu cohérents, tels, à quelques ratures près, que cette fin d'hiver me les avait apportés — loin du grand soleil entrevu.

Je suis comme quelqu'un qui creuse dans la brume
à la recherche de ce qui échappe à la brume
pour avoir entendu un peu plus loin des pas
et des paroles entre des passants échangées...

(Celui qui n'y voit plus très bien, qu'il se fie à l'enfant
pareille à l'églantier...
Il fait un pas dans le soleil de fin d'hiver
puis reprend souffle, risque encore un pas...

Il n'a jamais été vraiment attelé à nos jours
ni libre comme qui s'ébroue dans les prairies de l'air,
il est plutôt de la nature de la brume,
en quête du peu de chaleur qui la dissipe.)

Toute joie est très loin. Trop loin probablement déjà,
comme il se dit qu'il l'a toujours été, même enfant,
s'il se rappelle mieux le parfum d'une pivoine humide
effleurée alors du genou
que le visage de sa mère jeune
dans le jardin où le cormier tachait l'allée de rouge.

Lui qui ne va plus même jusqu'au fond de son jardin.

Tel le coureur à bout de forces
passe à celui qui le relaie un bâton de bois blanc,
mais sa main tient-elle rien encore à passer derrière lui,
nulle branche pour refleurir ou pour brûler?

L'aurais-je donc inventé, le pinceau du couchant
sur la toile rugueuse de la terre,
l'huile dorée du soir sur les prairies et sur les bois?

C'était pourtant comme la lampe sur la table avec le pain.

Rappelle-toi, au moment de perdre pied,
puise dans cette brume avec tes mains affaiblies,
recueille ce peu de paille pour litière à la souffrance,
là, au creux de ta main tachée :

cela pourrait briller dans la main
comme l'eau du temps.

Jour à peine plus jaune sur la pierre et plus long,
ne vas-tu pas pouvoir me réparer?
Soleil enfin moins timoré, soleil croissant,
ressoude-moi ce cœur.

Lumière qui te voûtes pour soulever l'ombre
et secouer le froid de tes épaules,
je n'ai jamais cherché qu'à te comprendre et t'obéir.

Ce mois de février est celui où tu te redresses
très lentement comme un lutteur jeté à terre
et qui va l'emporter –
soulève-moi sur tes épaules,
lave-moi de nouveau les yeux, que je m'éveille,
arrache-moi de terre, que je n'en mâche pas
avant le temps comme le lâche que je suis.

Je ne peux plus parler qu'à travers ces fragments pareils
à des pierres qu'il faut soulever avec leur part d'ombre
et contre quoi l'on se heurte,
plus épars qu'elles.

Mais chaque jour, peut-être, on peut reprendre
le filet déchiré, maille après maille,
et ce serait, dans l'espace plus haut,
comme recoudre, astre à astre, la nuit...

(Prière des agonisants : bourdonnement
d'abeilles noires, comme pour aller recueillir
au plus profond de fleurs absentes
de quoi faire le miel dont nous n'avons jamais goûté.

Ainsi écoute-t-on la voix de ces moines
qui vivaient sur le toit du monde
au fond de temples pareils à des forts
dressés sur le passage des vents inconnus
dont leurs conques ramassent la violence.

Leur gong tonne
ou c'est un glacier qui se fend.

Eux-mêmes chantent de la voix la plus puissante
et la plus basse jamais entendue,
on croirait des bœufs ruminant leurs psaumes,
attelés à plusieurs pour labourer sans relâche
le champ coriace de l'éternité.

Erraient-ils, à tirer ainsi leur charrue à soc de glacier
de l'aube au soir?

Leurs voix à la mesure des montagnes
les tenaient-elles en respect?

On les écoute maintenant de loin,
nous les bèg·ies à la voix brisée.
dispersée comme paille au moindre souffle.)

Dans la montagne, dans l'après-midi sans vent
et dans le lait de la lumière
luisant aux branches encore nues des noyers,
dans le long silence :
le murmure de l'eau
qui accompagne un instant le chemin,
l'eau décelable à ces fétus brillants,
à ces éclats de verre dans la poussière,
sa claire et faible voix
de mésange apeurée.

Ce matin, il y avait un miroir rond dans la brume,
un disque argenté près de virer à l'or,
il eût suffi d'yeux plus ardents pour y voir
le visage de celle qui en efface avec un tendre soin
les marques de la nuit...

Et dans le jour encore gris
courent ici et là comme la crête d'un feu pâle
les branchages neufs des tilleuls...

Comme on voit maintenant dans les jardins de février
brûler ces petits feux de feuilles
(et l'on dirait que c'est moins pour nettoyer
le clos que pour aider la lumière à s'élargir),
est-il bien vrai que nous ne pouvons plus
en faire autant, avec notre cœur invisible?

Regarde-la courir sur ses jambes toutes nouvelles
à la rencontre de l'amour
comme un ruisseau de verre tintant sur les roches,
pleine de hâte et de rire!

Est-ce le fouet des hirondelles sur les prés humides
qui la presse?

Maintenant nous montons dans ces chemins de montagne,
parmi des prés pareils à des litières
d'où le bétail des nuages viendrait de se relever
sous le bâton du vent.
On dirait que de grandes formes marchent dans le ciel.

La lumière se fortifie, l'espace croît,
les montagnes ressemblent de moins en moins à des murs,
elles rayonnent, elles croissent elles aussi,
les grands portiers circulent au-dessus de nous –
et le mot que la buse trace lentement, très haut,
si l'air l'efface, n'est-ce pas celui que nous pensions
ne plus pouvoir entendre?

Qu'avons-nous franchi là?
Une vision, pareille à un labour bleu?

Garderons-nous l'empreinte à l'épaule, plus d'un instant,
de cette main?

Il se dessine une veine rose dans l'air
et peu à peu plusieurs, comme sous la peau
d'une main jeune qui salue ou dit adieu.
Il s'insinue une douceur dans la lumière
comme pour aider à traverser la nuit.

Autant de plumes, tourterelle, pour tes ailes,
autant de rumeurs tendres à tes lèvres, inconnue.

Il y a la peine, qui ravine,
il y a le froid qui gagne,
quelquefois c'est comme si l'on n'avait plus de peau,
seulement la pierre des os :
une cage de pierre avec au centre un foyer froid,
une espèce de geôle où l'on ne sait
s'il y a quelqu'un encore à délivrer,
et la clef heurtant les barreaux
fait un bruit dur et mat.

La peine a pris racine avec des cordes jaunes
comme l'ortie
et le visage s'est assombri.
Il est des plantes si tenaces
que le feu seul peut en avoir raison.

On dirait qu'il se cache, avec effroi, dans la lumière de l'aurore
comme au fond d'une roseraie;
il y respire un tel parfum
qu'il lui semble, à sa suite, échapper aux barreaux de brume.

Ah! comme il la regarde, cette aurore,
ce peu de braise dans le fer des montagnes,
celui qui s'en éloigne un peu plus chaque matin!
Comme il se souvient! Comme il se souvient mal :
quand le visage, quand le corps aussi devenait rose
au premier vague cri d'oiseau aventuré!

Les nuages se bâtissent en lignes de pierres
l'une sur l'autre,
légère voûte ou arche grise.

Nous pouvons porter peu de chose,
à peine une couronne de papier doré;
à la première épine
nous crions à l'aide et nous tremblons.

Qu'on me le montre, celui qui aurait conquis la certitude
et qui rayonnerait à partir de là dans la paix
comme une montagne qui s'éteint la dernière
et ne frémit jamais sous la pesée de la nuit

Cette montagne a son double dans mon cœur.

Je m'adosse à son ombre,
je recueille dans mes mains son silence
afin qu'il gagne en moi et hors de moi,
qu'il s'étende, qu'il apaise et purifie.

Me voici vêtu d'elle comme d'un manteau.

Mais plus puissante, dirait-on, que les montagnes
et toute lame blanche sortie de leur forge,
la frêle clef du sourire.

On ouvre de nouveau les grands livres :
ceux qui parlent de châteaux à enlever, de fleuves
à franchir, d'oiseaux qui serviraient de guides...

Leurs paroles,
on les dirait prises dans les plis d'étendards bleus
qu'un vent venu on ne sait d'où exalte
au point qu'on n'y peut lire aucune phrase jusqu'au bout.

Ou l'on croirait qu'elles marchent entre des cimes,
elles-mêmes immenses, à peine ouïes, inaccessibles,
à moins qu'à la chaleur du cœur
elles ne retombent en neige sur nos pieds nus.

Cette lumière qui bâtit des temples,
ces colonnes bleues sur leurs socles de pierre
au pied desquels nous avons marché pleins de joie

(sur la table rugueuse ayant déposé quelques simples
en figure d'étoiles poussiéreuses,
ayant trempé nos mains dans l'auge des bêtes
comme en un sarcophage d'eaux étincelantes),

cette lumière souveraine sur les rocs,
portant au centre du fronton le disque en flammes
qui aveugle nos yeux,

si elle est sans pouvoir, comme il semble, sur les larmes,
comment l'aimer encore?

La lyre de cuivre des frênes
a longtemps brillé dans la neige.

Puis, quand on redescend
à la rencontre des nuages,
on entend bientôt la rivière
sous sa fourrure de brouillard.

Tais-toi : ce que tu allais dire
en couvrirait le bruit.
Écoute seulement : l'huis s'est ouvert

À UNE JEUNE MÈRE

Toi que j'entends pleurer, fille de Sion,
au bord de ce berceau où se mirait ton sourire
et qu'a tari maintenant l'été sévère,
endure! que ta plainte ne se change pas
en cris à déchirer le ciel.

Quelqu'un pourrait venir qui lierait la gerbe de tes larmes.

(Sa meule tourne depuis toujours entre les astres.)

Qui sait, alors, si tu n'auras pas repris goût
à ce pain qu'il t'apporte au lever du jour?

PLAINTES
SUR UN
COMPAGNON MORT

En voici un de plus qui entre dans le défilé
à peu de pas, peut-être, devant nous.

D'effroi ravalé, sa peau tressaille près de l'œil.

Les paroles si pures dont il se vêtait
tombent en loques.

Ah! tendez-lui encore un verre plein de l'air du soir,
gardez-le encore un moment de cette suie qui encrasse
les rochers rapprochés.

Nous ne l'aurons pas suivi bien loin.

Je ne peux presque plus chanter, dit le chanteur,
on a tranché les racines de ma langue.
Je ne vois pas plus loin que ces ombres qui avancent,
on a tranché les racines de mes yeux.

Feuilles et nuages
avec votre face de nuit et l'autre de jour,
prairies profondes, lointains de plus en plus larges,
on aura beau vous regarder, vous questionner,
si vous n'êtes que feuilles et nuages, herbes et collines,
vous ne nous êtes pas d'un grand secours.
Un simple coup de vent un peu frais vous éteint,
comme sur nous ces peines froides
font passer l'ombre de la faux.

Était-ce bien la peine de paraître la lumière
si l'on ne peut servir de baume
dès que l'outil de la souffrance creuse un peu profond?

On voudrait, pour ce pas qu'il doit franchir
– si l'on peut parler de franchir
là où la passerelle semble interrompue
et l'autre rive prise dans la brume
ou elle-même brume, ou pire : abîme –
dans ce vent barbelé,
l'envelopper, meurtri comme il l'est, de musique...

Et ce n'est pas qu'aucune musique protège
de pareilles morsures;
plutôt qu'elle soulève, qu'elle incline différemment
et qu'elle semble dire, quelquefois :
« Où je vous porte, si vous m'écoutez,
le pire froid, la pire ombre ne sont bientôt plus
que vieilles hardes par vous oubliées
comme peau de serpent dans les pierres après la mue,
l'inouï dont je suis l'écho répercuté
par les sombres parois grandit et gagne,
comme vous avez vu gagner le jour
sur les replis les plus profonds de la vallée... »

153

Se pourrait-il qu'ainsi enveloppé
il cesse de trembler
et ne soit plus rompu et terrassé qu'en apparence?

Vous, lentes voix qui vous nouez et dénouez
dans le ciel intérieur,
si vous ne mentez pas, enlevez-le dans vos mailles
plus limpides que celles de la lumière sur les eaux.

(Je parle d'encore plus bas, là où la peur me gagne
au point que, pour un peu, je me tairais.)

Comme il aura duré, l'interrogatoire!
Je l'ai vu entre deux séances, dans un répit :
ils ne l'avaient pas ménagé.

Que T'avait-il donc fait, Commissaire aux astres?
Il Te cherchait. Tu lui as rompu les artères.

Et la lumière ne s'est même pas voilée
au-dessus du coffre sombré.

À HENRY PURCELL

Écoute : comment se peut-il
que notre voix troublée se mêle ainsi
aux étoiles?

Il lui a fait gravir le ciel
sur des degrés de verre
par la grâce juvénile de son art.

Il nous a fait entendre le passage des brebis
qui se pressent dans la poussière de l'été céleste
et dont nous n'avons jamais bu le lait.

Il les a rassemblées dans la bergerie nocturne
où de la paille brille entre les pierres.
La barrière sonore est refermée :
fraîcheur de ces paisibles herbes à jamais.

Ne croyez pas qu'il touche un instrument
de cyprès et d'ivoire comme il semble :
ce qu'il tient dans les mains
est cette Lyre
à laquelle Véga sert de clef bleue.

À sa clarté,
nous ne faisons plus d'ombre.

Songe à ce que serait pour ton ouïe,
toi qui es à l'écoute de la nuit,
une très lente neige
de cristal.

On imagine une comète
qui reviendrait après des siècles
du royaume des morts
et, cette nuit, traverserait le nôtre
en y semant les mêmes graines...

Nul doute, cette fois les voyageurs
ont passé la dernière porte :

ils voient le Cygne scintiller
au-dessous d'eux.

Pendant que je t'écoute,
le reflet d'une bougie
tremble dans le miroir
comme une flamme tressée
à de l'eau.

Cette voix aussi, n'est-elle pas l'écho
d'une autre, plus réelle?
Va-t-il l'entendre, celui qui se débat
entre les mains toujours trop lentes
du bourreau?
L'entendrai-je moi?

Si jamais ils parlent au-dessus de nous
entre les arbres constellés de leur avril.

Tu es assis
devant le métier haut dressé de cette harpe.

Même invisible, je t'ai reconnu,
tisserand des ruisseaux surnaturels.

LE POÈTE TARDIF...

Le poète tardif écrit :

« Mon esprit s'effiloche peu à peu.

Même la passerose et la mésange me semblent lointaines,
et le lointain de moins en moins sûr.

J'en arriverais presque à demander
qu'on me décharge de ce sac de lumière :
drôle de gloire ! »

Qui de vous, beautés, répondra ?

N'en sera-t-il pas une d'entre vous
pour, même sans rien dire, se tourner vers lui ?

Comme il s'égaille, le troupeau des sources
qu'on avait cru conduire un jour dans ces prairies...

Voilà que désormais
toute musique de jadis lui monte aux yeux
en fortes larmes :

« Les giroflées, les pivoines reviennent,
l'herbe et le merle recommencent,
mais l'attente, où est-elle? Où sont les attendues?
N'aura-t-on plus jamais soif?
Ne sera-t-il plus de cascade
pour qu'on en serre de ses mains la taille fraîche?

Toute musique désormais
vous bâte d'un faix de larmes. »

Il parle encore, néanmoins,
et sa rumeur avance comme le ruisseau en janvier
avec ce froissement de feuilles chaque fois
qu'un oiseau effrayé fuit en criant vers l'éclaircie.

Note

On voit. Septembre-octobre 1976.
  Paru, à l'exception d'un poème, dans *Argile*, XI, automne 1976.
Pensées sous les nuages, Octobre 1976.
  Paru dans *Argile*, XVIII, hiver 1978-1979.
Le mot joie, Janvier 1981-janvier 1982.
À une jeune mère, Août-septembre 1981.
Plaintes sur un compagnon mort, Juillet-décembre 1981.
  À la mémoire de Pierre-Albert Jourdan.
À Henry Purcell, Septembre 1981.
  Après un concert de James Bowman à Saint-Julien-le-Pauvre. Paru
  dans la *NRF*, n° 351, avril 1982.
Le poète tardif..., Décembre 1981-janvier 1982.

Philippe Jaccottet est né à Moudon (Suisse) en 1925. Après des études de lettres à Lausanne, il a vécu quelques années à Paris comme collaborateur des éditions Mermod. À son mariage, en 1953, il s'est installé à Grignan, dans la Drôme.

Philippe Jaccottet a publié de nombreuses traductions, notamment d'Homère, Góngora, Hölderlin, Rilke, Musil et Ungaretti.

Œuvres :

Aux Éditions Gallimard

L'EFFRAIE ET AUTRES POÉSIES.

L IGNORANT, poèmes 1952-1956.

ÉLÉMENTS D'UN SONGE, proses.

L'OBSCURITÉ, récit.

AIRS, poèmes 1961-1964.

L'ENTRETIEN DES MUSES, chroniques de poésie.

PAYSAGES AVEC FIGURES ABSENTES, proses.

POÉSIE 1946-1967, choix. Préface de Jean Starobinski.

À LA LUMIÈRE D'HIVER, *précédé de* LEÇONS *et de* CHANTS D'EN BAS, poèmes.

PENSÉES SOUS LES NUAGES, poèmes.

LA SEMAISON, carnets 1954-1979.

À TRAVERS UN VERGER *suivi de* LES CORMORANS *et de* BEAUREGARD, proses.

UNE TRANSACTION SECRÈTE, lectures de poésie.

CAHIER DE VERDURE, proses et poèmes.

APRÈS BEAUCOUP D'ANNÉES, proses et poèmes.

ÉCRITS POUR PAPIER JOURNAL, chroniques 1951-1970.

À LA LUMIÈRE D'HIVER *suivi de* PENSÉES SOUS LES NUAGES, poèmes.

LA SECONDE SEMAISON, carnets 1980-1994.

D'UNE LYRE À CINQ CORDES, traductions 1946-1995.

OBSERVATIONS et autres notes anciennes 1947-1962.

CARNETS 1995-1998 (La Semaison, III).

ET, NÉANMOINS, proses et poésies.

CORRESPONDANCE AVEC GUSTAVE ROUD 1942-1976. Édition de José-Flore Tappy.

CE PEU DE BRUITS, proses.

CORRESPONDANCE AVEC GUISEPPE UNGARETTI 1946-1970. Édition de José-Flore Tappy.

Chez d'autres éditeurs

LA PROMENADE SOUS LES ARBRES, proses (*Bibliothèque des Arts*).

GUSTAVE ROUD (*Seghers*).

RILKE (*Points poésie, Le Seuil*).

LIBRETTO (*La Dogana*).

REQUIEM, poème (*Fata Morgana*).

CRISTAL ET FUMÉE, notes de voyage (*Fata Morgana*).

TOUT N'EST PAS DIT, billets 1956-1964 (*Le Temps qu'il fait*).

HAÏKU, transcriptions (*Fata Morgana*).

NOTES DU RAVIN (*Fata Morgana*).

LE BOL DU PÈLERIN. MORANDI (*La Dogana*).

NUAGES, prose (*Fata Morgana*).

À PARTIR DU MOT RUSSIE, essais (*Fata Morgana*).

TRUINAS : LE 21 AVRIL 2001 (*La Dogana*).

ISRAËL, CAHIER BLEU (*Fata Morgana*).

DE LA POÉSIE, entretiens avec Reynald André Chalard (*Arléa*).

REMARQUES SUR PALÉZIEUX (*Fata Morgana*).

POUR MAURICE CHAPPAZ (*Fata Morgana*).

UN CALME FEU, Liban-Syrie (*Fata-Morgana*).

COULEUR DE TERRE (*Fata Morgana*).

LE COMBAT INÉGAL (*La Dogana*).

Ce volume,
le deux cent soixante-dix-septième
de la collection Poésie,
a été achevé d'imprimer
sur les presses de CPI Bussière
à Saint-Amand (Cher),
le 17 août 2011.
Dépôt légal : août 2011.
1ᵉʳ dépôt légal dans la collection : janvier 1994.
Numéro d'imprimeur : 112637/1.
ISBN 978-2-07-032822-2./Imprimé en France.

238054